Die LYRIKEDITION 2000 wird herausgegeben von
Heinz Ludwig Arnold

Das Buch

Hellmut Seiler, durch das Leben in zwei politischen Systemen doppelt sensibilisiert für Brüche in der Gesellschaft, für zweifelhafte Moral und politische Propaganda, macht sich in den vier Zyklen seines Bandes »Schlagwald. Grenzen, Gänge« die »störrische Unschuld der zweckgebundenen Buchstaben« zunutze. Alltägliche Bilder entpuppen sich als Metaphern allgemeinmenschlicher Situationen, Wortspiele entlarven hintergründigen Ernst und Ereignisse aus dem politischen Alltag werden auf ihre eigentliche Bedeutung hin seziert. Seiler möchte zum Mitdenken, zum Handeln, vor allem: zum Leben auffordern wie in dem Gedicht »Oder leben«: »Bedenke: was du auch machst/und tust: es ist endlich./Wenn's endlich vorbei ist,/Gibt es nicht nur nichts mehr zu tun,/Dann ist leider/Auch nichts mehr zu machen.«

Der Autor

Hellmut Seiler, 1953 in Reps (Rumänien) geboren, studierte Germanistik und Anglistik und ist Gymnasiallehrer. Nach einem 1985 in Rumänien verhängtem Berufs- und Publikationsverbot lebt er seit 1988 in der Bundesrepublik Deutschland. Der mit zahlreichen Literaturpreisen ausgezeichnete Hellmut Seiler hat bisher die Gedichtbände »die einsamkeit der stühle« (Klausenburg 1982) und »siebenbürgische endzeitlose« (Frankfurt am Main 1994), zahlreiche Gedichte in Anthologien, lyrische Texte und satirische Prosa veröffentlicht.

Hellmut Seiler

Schlagwald
Grenzen, Gänge

77 Gedichte und Exkurse

LYRIKEDITION 2000

Die LYRIKEDITION 2000 ist ein BoD™ Verlag der Buch & medi@ GmbH. Dieser Verlag publiziert ausschließlich Books on Demand in Zusammenarbeit mit der Books on Demand GmbH, Norderstedt, und dem Hamburger Buchgrossisten Libri. Die Bücher werden elektronisch gespeichert und auf Bestellung gedruckt, deshalb sind sie nie vergriffen. Books on Demand sind über den klassischen Buchhandel und Internet-Buchhandlungen zu beziehen.

Weitere Informationen über den Verlag und sein Programm unter:
www.lyrikedition-2000.de

Juni 2001
LYRIKEDITION 2000
Ein BoD™ Verlag der Buch & medi@ GmbH, München
© 2001 Hellmut Seiler
Umschlaggestaltung: Bauer+Möhring, Berlin
Herstellung: Books on Demand, Norderstedt
Printed in Germany · ISBN 3-935284-44-6

Erster Zyklus

REVOLTE DER UNSCHULD

AFRIKA

Da will ich auch einmal hin! Tiere
Mit aufgerissenen Mäulern stehen
An der Straße; wenn man sie fragt,
Schnappen sie zu; sprechen können

Sie nicht, aber vielleicht nicken:
Mhm! Und Eier kriegt man da, gelt?
Die Jungen gehen an Ostern die Mädchen
Bespritzen, dann kriegen sie Eier!

Die Oma hat dort eine Ruine, die
Riegelt sie immer ab, denn die Polizei
Ist sehr gefährlich und räubert alles.
Kinder klaut man, daß sie um Geld

Betteln, gelt? Und die Leute *wollen*
Ins Gefängnis. Sie erleichtern sich unter
Flüchen im Stehen. Zerfledderte Scheine
Lodern nachts zwischen ihren Zähnen.

Gelt?

BRENNENDES LACHEN ODER MENS SANA IN ... FLAGRANTI

Sprich nicht durch die Blume:
Sie könnte dich verraten.
Verbeiß dir im Schlaf noch das Knirschen:
Es würde die Alpträume kosten:
Sie träfen plötzlich ein.
Deck den Hörer ab:
Es hört mehr als einer mit.
Laß im Bad Wasser rauschen:
Deinem Besucher zuliebe.

Die Jahre sind gezählt.

Warst du auf Tuchfühlung
mit dem Hungertuch, nagst du
nun am Neid. Das Vergnügen
macht dir Arbeit, die Zweifel
hegen, Neurosen hätscheln dich:
Ein Phantom jagt dir nach!
Die Sache geht dir auf den Grund:
Schau, wie liebt dich der Verrat!
Wie herrlich leuchtet er dir heim!

Du könntest freilich jetzt
kurzerhand die Neugier packen,
das Lachen schütteln, es anstecken
und abbrennen! Dich versprühen!

Unter den Händen gealtert
aber ist dir die Neugier, und wund
deine Verwunderung.
Vom aufgeschlitzten Himmel
hängen den Geigen
die gerissenen Saiten herab.
Halbherzige Andeutungen
verlieren sich in dir.

DAS ZWEIFELLTIGE MORGENTERZIOLETT

Es trillert
Und trällert
Ermüdlich, im Zweitakt, dem lila:
Es trillert
Das stelzbeinige Morgenterziolett;
Es holpärt
Und stolpärt
Über sich selbst.
Wechselt die Farbe, den Paß
Und den Mund: schmeckt sich,
Berauscht und – au Backe! –
Von hinten.
Es wichst und es wachst sich
Die Spuren im voraus:
Es winkt und es wankt,
Es schmatzt und es schmitzt:
Bis es sitzt!

Dann schwebt es
Von hinnen, gemeinhin verwoben
Und trillert dabei s. o.

Egon Schiele

Soviel er sich auch spreizt,
windet und dagegenstemmt,
seine Qual hält an:
Er bleibt
im Rahmen.

Schweißnaß der Körper,
unverhüllt:
Ein zum Zerreißen gespannter,
krummer Schrei.

Korrekte Fabel

»Ihr solltet ihr Licht hochschätzen!
Euch ihrer Wärme aussetzen!
Gut tut sie euch! Allen tut sie gut!«
ermahnte die Vollversammlung der Tiere

Maulwurf, Fledermaus, die Tiefseefische
und die Eule. Diese krauchten hervor und
huldigten kurz, aber heftig der lieben Sonne.

Galgenblumen

»An den Richtstätten blühten unmittelbar unter den Galgen
auffallend viele Glockenblumen in besonders prächtigen Farben.«
Egon Siegel: Geschichte des Mittelalters, München 1929

Glühen die Glocken, blubbert jetzt Beifall?
Wer an dem Strang zieht, hängt bald daran.
Laßt uns gemeinsam. An einem Faden.

Hauen wir doch endlich darüber! Spielen
wir Galgenmännchen! Du holst den Strang,
ich die Glocke. Das Pendel, der Klöppel

Hängt schief. Das zerfaserte Glockenseil
im Gepäck. Glühend pendelt die Erinnerung
an einem Faden. Spielen wir Galgenmann?

Sie klöppeln. Wiegen sich. Galgenblumen
wie Glocken im hohlwangigen Wind. Keine
sich steif ins Jenseits fortsetzende Erregung

Zeugte sie; sie aber wippen als gingen Schauer
über sie hinweg, als bedeckte sie fröstelnde
Haut. Ein schlingernder Geruch frischen

Männlichen Samens streut seine Fänge
in den Wind. In den Glocken knarren
die fleischgewordenen Klöppel.

Hrabals Tiefgang

In den weißen Bogen gespannt vom einen Ende
der Unbefangenheit zum anderen der Heiterkeit,
schoß er Pfeile ab im Pulsschlag einer vertikalen Axt,
bis der eigene Blutstrom auf einmal hörbar
durch die Schlagadern peitschte und jeder Atemzug
Krater riß in die Hand, die auf den Tasten ruhte.
Ihre sichtbare Vergänglichkeit machte sie sichtlich
schön. Unbestechlich aber blieb das klare Auge.
Es sah ihn selber »nicht als Rosenkranz, sondern
als Glied einer zerrissenen Kette«. So schritt
dieser »Verehrer der Sonne in Gartenrestaurants«,
von Rauchwölkchen umwallt, leichtfüßig dahin
mit einem nach Gauklerart schaukelnden,
atemberaubend schlafwandlerisch aufrechten Gang

über die Dächer von Brünn, zum Taubenfüttern.

Zwei Gedichte in einem

Eins: Die Katze

Gestern, am abgelegten Wochenende
sträubten sich mir die Backenhaare.
Bei Freud: diese Katze! Schnurrt herbei,
mitten am Samstag, im Supermarkt –

vor aller Augen und: mit ihren beiden
Schwänzen! Der eine, ach! gekringelt,
ohne über sich hinaus zu weisen;
der zweite jedoch steif, hochgereckt

und nicht zu fassen. Der Bäckersfrau
fällt die ausladende Kinnlade runter,
ihr Mann mit den hüpfenden Hügeln
streicht übers mehlige Pult und ruft:

»Ogott!« und: »Igitt!«
Aber sonst war da nichts.

Noch eins: Die Frau

Gesehen hab ich (und, na ja, ein paar
andere noch) ihn: den Mann, der kroch:
vor der Frau, die vor unseren Augen
sich aufblies und zur Seifenlaugen-
blase wurde, schillerte, sich drehte.
Die Esser schmatzten, eine verwehte
bunte schwerelose Kugel trieb hinweg.

Aber der Eine, der ihrer verlustig
gegangen, blickte gar nicht lustig.

Nur die blinde Masseuse mit den
spitzen Fingerkuppen und der irren
Samtpfoteninnenfläche fährt

aus feuchten Wachträumen auf und
stellt erschrocken das Gebläse an.

KNOTEN 7
Einsamen Frauen

Beißenden Schwaden hängt sie nach
wie einer kostbaren Erinnerung; spinnt

Vergessen Schnüre aus Knäueln. Knüpft:
Knoten ergeben von allein ein Muster,

Unter der Hand ergibt sich eine Nachricht:
An wen nur? Jetzt dreht sie durch,

Am Hahn, geblähte, mißhandelte Wolken
im Hintergrund. Sehen mit an wie sie

Mit Knotenschnüren um sich fuchtelt:
Gleichzeitig hoch und in die Tiefe.

Die Einsamkeit ein Wisent, Ur-ochs,
schwer stampfend im entflochten

leeren Raum, in dem sich Nüstern blähen
und alle Knoten lösen.

Massnahmen gegen das Elend

I
Es reicht nicht, die Dürstenden
zu besuchen, die Kranken
zu kleiden, die Hungrigen
zuzudecken und die Nackten
zu tränken und zu speisen –

Wir sollten ruhig einen Schritt weitergehen
und den zum Brechen vollen Leibern
in hochmodischen Kleidern,
auf hohem Roß, in dicken Karossen,
auf ihren Yachten und Bällen
einfach ohne zu zögern selbstlos – helfen!

II
Es stimmt: Den Bedürftigen
wird etwas Wertvolles geschenkt:
AUFMERKSAMKEIT.
Um ihnen in die Taschen zu greifen.

Politische Fabel

Es kreißt die Maus und gebiert –
einen Berg!
Und sucht sofort, panisch

Nach einem Schlupfloch darin.

Couplet Naseweis

Das sprichwörtlich mundfaule Couplet,
nymphisch wie naseweis veranlagt,
verkuppelte sich einst im Affekt
statt, wie versprochen, mit einem längst dick fälligen
quadrigaerprobten Querulanten namens Querz
im Morgengrauen überraschend mit sich selbst.

Vergessen waren Bulimie und Posthitis!
Doppelkohlensaure methylenblaue Verwicklung!
Naseweis versprüht seinen mundfaulen Zauber!
Becirct, umgarnt sich, nimmt sich ein!

Aus dieser autosexuellen Befruchtung,
mythisch wie satyriatisch angelegt,
entstand auf Anhieb ein Pärchen, dem elterlichen
Couplet wie aus dem Kehrreim geschnitten.

Vergessen sind seither Bulimie und Posthitis,
die Veilchenaugen methylenblauer Verwicklung!
Reißt es den Mund auf, verflogen ist aller Zauber!
Ausgewickelt hat es sich und ausgenommen!

Oder leben

Bedenke: was du auch machst
Und tust: es ist endlich.
Wenn's endlich vorbei ist,
Gibt es nicht nur nichts mehr zu tun,
Dann ist leider
Auch nichts mehr zu machen.

Revolte der Unschuld

Packt eure Zeitvertreibschriften weg,
räumt die verstaubten Almanache zur Seite,
und die Verbrauchsanweisungen und
Es-ist-ein-Kreuz-mit-den-Rätseln,
Liederlichbücher und Kollidierkursbücher,
schmeißt sie fort!

Nachts, wenn keiner es auch nur vermutet,
steigen die zweckgebundenen Buchstaben
aus ihren Korsetten in langen Kolonnen herunter,
besinnen sich auf ihre störrische Unschuld,
ordnen sich neu und:
kaltäugig, wertfrei, unbesonnen
blicken sie euch stundenlang an.

Sagt mal: wollt ihr das riskieren?!

Sieben Siegel

Rütteln nützt gar nichts: in sich gefestigt,
doch nicht unerschütterlich, biegsam
wie ein schlanker Schiffsrumpf,

aber unter Druck zerbrechlich:
meine Damen (und Herren), stolz
präsentieren wir Ihnen:
die sieben Siegel:

Brichst du das erste, strömen ungestüm
Gerüche des Orients auf dich ein,
und Düfte, die aufdringlich fein
den Okzident verraten.

Honigtropfen auf Limettenscheibe,
eine Welle gelöster Salze geht in dir
auf, wenn du das zweite brichst.

Das dritte Siegel, erbrichst du's,
eröffnet dir – hörst du sie? – Klänge,
wilde Welten, und sanfte, eine
einzige Fülle.

Spürst du, wie nahe Taumel und
Empfinden eines leeren Raumes
beieinander liegen, sobald du
das nächste geknackt?

Beim fünften hast du die Farben
des Sonnenaufgangs vor dir sowie
einige der prächtigeren Untergänge.

Sechs steht für Linien,
die einer drängenden Hand
vorwitziger Finger nachzeichnet,
über deinen Nacken, die Innenseite
der Schenkel.

Nun öffne es: setz die eigenen
beschriebenen Seiten und Täuschungen ein:
steh dazu: das Buch

bist du.

WEISSE MÄUSE

Bei jeder Gelegenheit kann man sich
– bequem und ohne Umschweife –
am einfachsten auf weiße Mäuse herausreden.
Unter weißen Mäusen findet sich schwerlich
ein schwarzes Schaf.
Weiße Mäuse sind geduldig
und haben eine aufreizende Art,
sich die Schmerzen,
verursacht durch Unterwerfung und Erniedrigung,
zu verkneifen.
Sie schleichen auf leisen Pfoten umher,
ohne deswegen als Leisetreter
bezeichnet werden zu können.
Wo sie auftreten,
wächst auch weiterhin Gras.
Nur selten gelingt es einem, einer von ihnen
von Angesicht zu Angesicht gegenüberzustehen.

Weiße Mäuse sind die idealen Versuchstiere
für allerlei Experimente,
ansonsten zu so gut wie nichts nütze.

Im übrigen sind sie
unbegreiflicherweise
ganz unmerklich im Verschwinden begriffen.
Wo sie noch gesichtet werden,
lassen sie sich
– bequem und ohne Umschweife –
als Trugbilder und Hirngespinste abtun.
Was die Langmut anbelangt,
mit der sie dem Ergrauen angenähert werden,
so muß sie
ausgesprochen großzügig genannt werden.

Ein Zusammentreffen fehlender Ereignisse

Mit wilden Abrißbirnen und voll
mit gespenstischen Kränen hängt
der Umtrieb ins Land. In dieser
einen Stunde, namenleer, weich

Gezeichnet vom Übergang,
weicht die Fülle ins Leere, Grau
ins Grau. Schienenstränge hören

Auf zu röhren, Kolben stampfen
nicht mehr. Saugpumpen spuken
durchs Bild. Bolzen haben jetzt
ausgedient. Leitungen verlieren.

Ein Flimmern brennt. Das Sirren
Abwesender. Was fehlt, zeichnet
sich ab. Ferne knistert. Es ist ganz

Still.

Zweiter Zyklus

BLICKE, OSTWESTWÄRTS
einschließlich eines Kleinen Rhodischen Zyklus
sowie eines Exkurses »An die Pforten des Orients«

ALHAMBRA

Die Myrten werfen weiche Schatten, die sich wiegen,
In Rätseln sprechen, sehr eindringlich, verschwiegen;
Ich wende den Kopf nicht, wenn ich geh:
Bleib immer bei mir, mein Fernweh.

Sieh, wie flimmert die Sierra, die ferne!
Wer ließ die hellen Blütenglocken ziehen?
Im Patio kräuseln sich Spiegel, Bilder fliehen:
Hier atme ich tief. Ich lebe wieder gerne.

BALKAN 1
Lappalien

Herbei, hervor! Aus der Nebelschwadentiefe
unvorhersehbarer Vergangenheit
aufgebrochen an die unergründliche Oberfläche,
das Getümmel der Planwagen,
wo am Ende unweigerlich die Geißeln knallen,
Schüsse fallen, bis, ja bis
Verordnet wird die Allgemeine Amnesie. Nun
war es Zeit: sie machten das Mögliche gründlich
unmöglich.

»Der Schoß ist fruchtbar noch«, doch geht er ein:
Nichts kroch & niemand aus noch ein.
Im verletzten Mai betreut Madame, die schieläugige,
ketzerische Zauderin
die klebrige Blüte ihrer zugewachsenen Unschuld,
putzmunter, kummervoll.

Eine Heimat ist das! Für Schergen und Stockmeister!
Die fauchen mit ihren Trillerpfeifchen
und baumeln rasselnd mit ihrem Gemächte,
eingelullt von den Schwaden
der Gerüchteküche.

Von Karfreitag zu Gründonnerstag
bleibt nichts unvergessen. Nebel
lösen sich auf. Ein Wirrkopf allein
sauft die Pferdequelle leer.

BALKAN II
Lappalien 99

Wenn es in einer schwärenden Wunde
Von weißen, augenlosen Maden wimmelt,
Und man spürt deutlich, wie sie sich hineinfressen,
Und die Ränder zucken vor Pein,
So ist das ein gutes Zeichen: Es heißt,
Dort beginnt das lebendige Fleisch,
Die Wunde ist gesäubert.

Man muß dann nur noch dafür sorgen,
Die Würmer möglichst rasch loszuwerden.

(Aus einem Handbuch
Zur Selbsthilfe im Ernstfall)

DRESDEN
Im November 96

Brühlsche Terrasse, einen Steinwurf
von der Akademie des Schönen Scheins
im Fenster: Honecker, Erich,
im Jahre des Herrn und nicht etwa
des Genossen, in Farbe, traulich
hölzern lächelnd, ein frischer Alter,
sozuschreiben. Eher zwar nur toter
Gegenstand als einer der Verehrung,
doch immerhin: der alte Landesvater,
Honi. Mit irrem Blick, in Farbe,
und unbeirrbar ganz und gar. Nun
geht dir keiner auf den Holterdiepolter-,
auf den Holperstolper- oder Rüttel-und-
Schüttelreim mehr, Honi, honey.

Doch ich, von fremder Sprache zart geleitet,
mach mir einen drauf: Honi soit ...

GEDANKEN, *wie sie einen beschleichen beim Betreten der Kranzabwurfstelle »Neue Wache«, Unter den Linden, Berlin*

Geweiht ist die kahle Halle
die wir betreten betreten
für seine bodenlose Tapferkeit
unserem Unbekannten Soldaten;
heldenmütig, nach nichtendenwollenden Taten,
endlich gefallen auf der Flucht
nach vorn, vor dem Frieden,
der großen Unbekannten;
auf dem stoppligen Feld
der Unbekannten Ehre, zum Ruhme
des unsäglichen, immer unverständlicheren
Vaterlandes; nach Erringen zahlloser
unbekannter Siege, erkämpft
mit weitgehend unbekannten Waffen
an unbekannten Orten
gegen einen gänzlich Unbekannten,
genannt Feind.

Auf Befehl
namentlich
Bekannter.

TAUBER FRÜHLING
(einem Ex-IM widerwillig zugeeignet)

Dicke Wände sind ein Hund mit Ohren,
Wie aber paßt *du* da rein, taube Nuß?
Mit der Dickschale durch – und was
Dann? Mit einem blauen Band davon.

Was fängst du, Hellhöriger, *nun* zwischen
Den tauben Wänden deines Schädels an?

Bist du dicht, *ganz* dicht, Flatterhändchen?
Sickern dir da nicht Spermien hindurch?
Wo läßt du dein blaues Wunder, Augapfel
Deines Vaters, Mutternüßchen? Hast du

Seine Eichel, die spermaverschmierte,
Längst verwettet? Gegen blaue Scheine?
Springen sie dir nicht ins Auge?
Blauäugiger, dicker Hund! Sogar

Die eigenen Wände
Überhören dich.

KLEINER RHODISCHER ZYKLUS

HÖHENFLUCHT VIA OLYMP

Getaucht in zerfetzte Strahlenbündel
eines Abends im Mai – der Olymp, kahl,
götterlos. Jedenfalls von oben betrachtet.
Unten der Sitz der Unsterblichen. Über
den Köpfen Mickey Mouse, flimmernd.

Von fern gleißt das Meer, die Brandung
hat man im Ohr. »Möchte wer was
einkaufen?« Im Himmel sind wir
unentrinnbar der Erde verhaftet.

Wolkengespinst, Worte huschen
dahin, der einzige Feste Punkt
zwischen Himmel & Erde.

Auf dem Fuß folgen ihnen
im Kopf die Taten.

ANTIKE, DREIMAL LEBENDIG
Im Neuen Ordenshospital, Rhodos-Stadt, im Juni 2000

I.
Timarista und Krito
Zur Mutter hebt Krito die Hand, will sie fest
halten; ihr Kopf ist gesenkt, kann er tiefer sinken?
Timarista, bevor sie getrost eingeht in die Welt
der Schatten, versucht Krito, die Untröstbare,
zu trösten, hat den Fuß schon auswärts gestellt,
ihr Gehen stockt, unterbrochen im Übergang
aus dem einen Leben. Beständig feiern beide
immer währenden Abschied, bleiben atemlos
einander erhalten; trennen sich ununterbrochen,
abgewandten Blicks, Hände zueinander erhoben.

II.
Den linken Fuß vorgestreckt, sitzt die Nymphe
auf dem Felsen, nein, sie gleitet von ihm herab:
den Umhang locker über die Schultern gehängt,
rutscht sie seit vierundzwanzig Jahrhunderten
voller Koketterie immer ein Stückchen tiefer.

III.
Zu einer ihrer Sandalen gebückt, stützt sich
Aphrodite auf einen kleinen Priapus mit hoch
gerecktem Glied. Ihr Schuhwerk ist noch
genauso lose; vom Betrachter überrascht,
wirft sie die schweren Haarlocken zurück;
und er steht mit verkniffener Miene,
zu ewiger Erektion verdammt.

PROPHEZEIUNGEN, GERÖSTET
Rhodos, im Mai 2000

Atabyros: aus dem Goldenen Kalb wurde hier:
Zeus, in Stiergestalt. Enorme Bronzestiere
umringten den Tempelaltar. Dreitausend Jahre
Witterung und Disteln ließen die Steinquader

bersten. Die vielstimmigen Orakelschreie- und
seufzer im Stier über Feuer gerösteter Menschen
wehen schaurig im Meltémi, dem Nordwind.
Wer verzeiht ihnen, was sie prophezeiten?

SINGENDE ROHRE
Rhodos, im Juni 2000

Es dringt aus dem Ausguß in den Küchen,
dem Abflußrohr in der Naßzelle, den Kanal
schächten überall, wo du gehst und horchst:

ein Röhren, tief unter der Erde, aus den
knurrenden Eingeweiden der Stadt. Sind es
die aufgedrehten Turbomotoren beim Start?

Widerhall des Verkehrs und der Rufe der
Straßenhändler? Oder ist die Unterwelt
erfüllt von den Schreien Gefolterter? Ist's

Nur der nahe Wellenschlag, das Geräusch
der Brandung untermischt von Stimmen
gewirr aus den Wohnungen und Tavernen?

Nein, das ist es nicht. Hört: eine Glocke ruft,
hundertfach knarren Bohlen unter Schritten
aus den Rüstkammern, Fanfaren, Trommel

wirbel verkünden unausweichliches Unheil.
Säbelgerassel, Schwertergeklirr auf Panzer
hemden, Geschützdonner, niederkrachende

Mauern. Schreie vermeintlicher Sieger, ein
schauriges Todesröcheln. Davon dröhnt da
der Boden, davon singen die Rohre ein Lied.

An vollkommen dunstfreien Tagen jedoch,
wenn unzählige Flüge den Himmel zerreißen,
gesellt sich das Gebrüll der Orakelstiere hinzu.

Zum Zeichen, daß der Insel Gefahr droht.

IM »PYTHAGORAS«
Sokratou, Rhodos-Stadt, im Mai 2000
Für Theo Votsos, der dabei war

Aufgereiht wie Fähnchen auf der Wäscheleine,
bunt gemischt: Industrienationen aller Länder,
heiß&hungrig nach dem Natürlichen,
das es zu vertilgen gilt.
Sieh da, sieh da:
ihre Vertreter, Theo!
An der Theke! »Ex-oxidente-luxus«-
Ex-Proletarier, übergebt euch!
Gebt euch hin!

Reihum geschlürft die überbackenen Austern,
Hummerschwänze, mit Wunderkerzen garniert,
der Sektflaschen magische Zahl Sieben, man isst
schließlich, schmatzend und schlotzend:
»IM PYTHAGORAS!«

Ach, dein blonder Ruf zwischen den Gängen,
deine spitzen Aufschreie des Entsetzens: »Oh!
These Scandinavians!«, Camilla! Dein Entzücken
beim Anblick eines ithyphallischen Plastiksatyrs
auf dem Servierteller! Wo sind die satyriatischen
Männer hin, oder haben alle nur noch Hummer-
Schwänze anzubieten? Wo nur sind ihre festen,
bloßen, sich reckenden, apollgleichen Glieder
geblieben, sagt bloß? Alles Marmor, museal?

Ach, dein blondener Ruf, Camomilla,
dein spitz entzündeter Schrei,
deine Wunder und Zeichen! Was nur haben hier
die Helvetischen Kuhschellen verloren,
an denen sie zerren, aufgereiht auf der Wäscheleine,
hysterisch Gebimmel, Gezeter und Nordio – aber:

»Alles ist Zahl!« – »To logariasmó, parakaló!«

Zum Abschluß schmeißen wir magisch
in der *Sokratou*, in der wir zu- und fällig sind,
eine Runde Schierlingsextrakt.

Exkurs

An den Pforten des Orients

Der leidenschaftliche Griff
in den eigenen Schritt
will gelernt denn Ordnung muß sein.

Stramm nach links oben
querfeldein
weist das gute Stück.
Vorzugsweise
während der Liturgie.

Wo aber sich erleichtern?
Am besten gleich hier,
wo Sie hinspeien, Herr.

Mit dem Gestohlenen
kann ich eine ganze Menge anfangen:
Es eignet sich vorzüglich
zum Ruinieren.

Verschlossene Türen
muß man schmieren:
Dann gehen sie auf.

Wer auf sich hält,
beherrscht die Hohe Schule
des Prahlens.

Ich soll besoffen gewesen sein?
Das kann gar nicht stimmen:
Ich kann mich an rein nichts erinnern.

Und sind die Taschen noch so leer,
muß wieder eine Lüge her.

Sie haben alle Hände voll zu tun,
sie totzuschlagen, rumzubringen irgendwie,
die Zeit, ihre Leben.

Geteilte Freud ist doppelte Freud:
Früher? – Tja, das war so:
ein Scheißkerl und ein Volk
gespalten in
Dreckfresser und Kloputzer.

Dieses Volk ist Schicksal
seiner Herren.

Es besteht aus den werktätigen Massen
und den Mundwerktätigen.

Auf leisen Sohlen: Trittbrettrevoluzzer:
Sie erfahren alle aus der Zeitung,
was sie am Vortag
doch für Teufelskerle gewesen sind.

Wie's jetzt ist? – Es ist
noch schlechter geblieben.

Am Laufen hält sie
die hohe Mitläuferkultur.

Die Zeitungen blähen sich
wie Heißluftballons.

In stolzgeschwellter Brust
ist auch nur heiße Luft drin.

Der schwelende, über Nacht ausgebrochene
Nationalstolz äußert sich
in der Verachtung anderer Nationen
und Minderheiten.

Es ist da tatsächlich Freiheit angebrochen:
für das Verbrechen.
Und Demokratie: für die Korruption.

Grotesk und obszön, diese Mischung
im gleichen Atemzug:
Besserwisserei und Bettelei,
Hunger und Hybris,
Gewinsel und Großkotzigkeit;
Arrogante Armut,
Willfährige Überheblichkeit,
großspuriges Trippeln.

(*Analog dazu:*
Kolossalbauten und kolossale Schlaglöcher.)

Die Hauptsorge:
Das Image des Landes muß verbessert werden,
und zwar ohne seine Realität anzutasten.

Entwicklung des Speiseplans in Gaststätten auf dem Balkan

1998: Serbische Bohnensuppe
1999: Bohnensuppe
2000: Ohne Suppe

Maifeier
Im Mai 2000

In Berlin stehen sich gewaltbereite Teilnehmer
einer genehmigten NPD- und ebensolche einer
verbotenen Demonstration Linksextremer und
Autonomer gegenüber, ein großes Polizeiaufgebot

wurde zusammengezogen. Der Innensenator sagt,
man mache sich »aufs Schlimmste« gefasst.

In Straßburg werden Passanten, zumal Touristen,
von schwarzhäutigen hütchentragenden Straßenhändlern
dazu angehalten, deren Lederwaren zu kaufen. Einige
Touristen sagen, sie fühlten sich von ihnen belästigt.

In Wien erklärt ein FPÖ-Sprecher, Prinz Eugen
von Savoyen, »der edle Ritter«, habe nach 400 Jahren
die Schlacht endgültig verloren. Könnte er den An-
sturm heute sehen, er würde sich im Grab umdrehen.

Und der sei zu allem Überfluss noch ganz legal.
Die EU-Außenminister beschließen erneut – dieses

Mal auf der Azoreninsel Sao Miguel – die Sanktionen
gegen Österreich beizubehalten. Die EU-
Kommission trägt, aus unerfindlichen Gründen,
wie Experten finden, den Euro nach Athen.

Vor dem Kapitol in Rom brechen Scharen
von Bordsteinschwalben vom Balkan während einer
Razzia in ohrenbetäubendes Geschnatter aus.

Nur die MIR, unbeweibt,
doch mit zwei Astronauten bemannt, die – mir
nichts, dir nichts – wieder
versuchen, ein Leck zu stopfen, zieht, von All
dem unberührt, gleichmütig ihre Bahnen.

OST-WEST-BEGEGNUNG
Bácsalmás, im März 2000

Da verläuft die eurasische Grenze. Herrisch
überqueren sie Schmuggler, überall zu Haus.
Villen schießen ins Kraut, wo man hinblickt:
Kriegsgewinnler, aber von der sanften Sorte.

Weich auch der Händedruck, wie Magenwind,
von all den Delikat-Essen rührend: Fischsuppe,
der Arten sieben, daher, wo die Donau noch
– noch, sag ich – lebt. Nur keine lauten Töne,

Und von den Weinen, fraglos die gereiften.
Im Chinchillapelz, aber echt, die Herrin, eine
der vor-läufigen Wächterinnen seines Leibes,
ihr Wimpernaufschlag eine stahlgraue Waffe.

Echt auch die aufgetürmten Gemälde, die Müll-
halden Zsolnay-Porzellans, alles da, bitte sehr!
Ganze Meter, in Leder: Buchrücken, allein
sie kehren ihrem Besitzer die Seite zu, die

Er versteht.

Rumänisches ABC

Früh übt sich
Was ein Mundwerk werden will.

Bescheiß deinen Nächsten
Wie dich selbst.

Die Würdelosigkeit des Menschen
Ist unverzichtbar.

Siebenbürgische Endzeitlose

Über Nacht stehen sie da: die Helden.
(Helden stehlen sich nicht davon
über Nacht selbst überrascht von all den Mundwerken).

Die Verwirrung schlägt in Bekennertum um,
denn die Angst geht um, die Angst der Helden über Nacht,
die Angst vor der eigenen Courage.

Mach einen Bogen, Kind
um den Knochenberg –
da lauern wieder die Wölfe,
die feigen.

Im Reißwolf verschwindet
die Kalligraphie der Risse im Gemäuer,
das Filigran des Verfalls,
die verrückte Ordnung der Grabsteine.

Auf dem Chorgestühl fläzen sich hämische Kröten,
heimisch geworden in der Nekropole meiner Jugend.

In den Rissen werden die Spinnweben eifrig erneuert.

Frisch geweiht ist die Kirche
dem Untergang;
fröhliche Urständ feiern
zackige Kennworte alternder Maulhelden;
zaghaft und zögerlich fällt ein Willkommensgruß
in die betäubende Stille
nach dem längst vergangenen grußlosen Abschied.

Durch die Katakomben der Erinnerung
geistert ein Phantom:
Siebenbürgen, ein Vexierbild,
unauffindbar.

Aus den Amtstuben einer verrückten Ordnung
dröhnt selbstvergessen das Geheul feister Fratzen.

Ruhig lächeln allein die Schädel,
ganz in Frieden mit sich
im von Gott verlassenen Acker.

Spaziergang im Freien

Man sieht den Wald
vor lauter Schlagbäumen nicht.

Wo die Ärsche blühen,
da furzen die Blumen.

Geheimnisumwitterter Fünfzeiler

Übung macht den Meister
Wenn er Lust hat scheißt er
Auf uns und fällt vom Himmel
Er hat den Einheitsfimmel
Rate mal wie heißt er

Das kleine Brüsselunser

Gremium unser in Brüssel,
Gepriesen werde dein Name,
Dein Klon komme,
Dein Regelwille geschehe
In Berlin wie auf Zypern.
Unsere vorschriftsmäßig gekrümmte Gurke gib uns heute
Und vergib uns unsere Zweifel
Wie auch wir aufgeben unsere Illusionen.
Und führe uns nicht übern Gänsedreck,
Sondern bewahre uns vor weiteren Eurokraten;
Denn dein ist der Reibach
Und die Norm
Und die Selbstherrlichkeit;
Wie lange wohl?
Amentia!

Die letzten Stunden der MIR

Heiligabend 2000: Die Raumstation verschwindet russisch-unorthodox von den Bildschirmen.

Erster Weihnachtstag A. D. 2000: Die unbemannte Station bleibt in ihrer Umlaufbahn unauffindbar.

Silvesternacht 2000/2001: Trotz erhöhter Präsenz von Feuerwerks- und Marschflugkörpern trudelt sie durchs All.

2. Januar 2001: Eine unbeweibte Raumstation treibt völlig führungslos Männer vor Bildschirmen zur Verzweiflung.

5. Januar 2001: Gefunden! Präsident Putin verkündet, Die MIR solle Anfang März im Pazifik versenkt werden.

27. Januar 2001: Die viel-rost-tonnen-schwere-lose trudelnde Station wird von einem Versorgungsraumschiff aufgetankt.

28. Februar 2001: Die vormals Verwaiste, Manövrierunfähige, nun mit frischen Raumsegeln Versehene wird für den am

31. März 2001 10.00 GMT vorgesehenen kontrollierten Absturz vorbereitet. Sie scheint sich in ihr Schicksal zu fügen.

31. März A. D. 2001, zwei Erden-Stunden später:
Die Internationale Raumstation MIR
ein Klotz von einhundertundvierzig Tonnen
stürzt
aus der kritischen Höhe von 250 km über der Erde
kontrolliert
unter unbeschreibbarlichem Getöse
auf den Roten Platz
Des Himmlischen Friedens
Vor dem Lincoln-Memorial

Piazza di San Pietro

Da stehst du nun, erstarrt, von schwirrenden Schatten umstellt.
Für einen Augenblick daheim, angenommen, vierfach steinern umarmt:
an das eherne, aber ein verkrochenes, ausgehöhltes Herz gedrückt.

Das pocht mit letzter Wildheit grollend in der Tiefe
und zerrt an den Ketten.

WANDELNDE DENKMÄLER I
Borsec/Ostkarpaten, im Oktober 2000

Vorbei an der einzigen Turmuhr
Anders rinnt hier die Zeit
Die geht, um, und schlägt, zurück
In jahrhundertealten Staub

In Sächsisch-Regen

Der Neulichtigen Wettlauf:
Partida Romilor/Partei der Roma
Landesfahnen fix gehisst –
Rübenschnapsnasenfeiertag

Zu den Kühen im Kurpark
Von Borsec, abgebröckelte
Jugendstil-Girlanden
Um den Schellenhals

Zwischen ihnen hindurch
Trotten die herabgestiegenen
Statuen und humpelnde Büsten
Und scheren sich einen Dreck

Um die allerorts kläffenden Köter.

WANDELNDE DENKMÄLER II

Aus dem Feental, heiß umworben
von Dämpfen aus der Erde Tiefe
pocht der schwefelgelbe Geist gegen
Steinbruchs Fluch: Travertin her!
Für, ja wofür denn nur?
Präsidementialpaläste!

Keine Quelle tröpfelt mehr
entlang des Pfades der Liebenden.

Die Geliebte hat das Große Los –
aus! weg! los! gezogen:
Rákoczi-tér oder weiter
westlich. Wo eine Haltung
gefragt ist.

Mich hingegen beobachten
die Körnchen des Staubes
der sich auf brüchige Bücher legt
– sie kehren mir lederne Rücken zu –
eines rostigen Uhrwerks
gesammelte Unrast.

Mehrfach geraubte Putten
kehren hohlwangig zurück
mit rissigen, von Mal zu Mal
in tieferen Höhlen
schlingernden Augen.

www.

Weben gleich, doch nicht gewebt,
noch gewoben, an allen Enden lebt

Es, *scheinbar*, des Scheines und
der Scheine wegen, leblos, wund;

spleenige, spinöse fette Spinnen
hängen darin gefangen, drinnen

in ihren Facettenaugen strahlen
Hologramme, besessene Zahlen,

mitten in die Synapsen loser Fetzen:
das einzige spinnende unter den Netzen.

Dritter Zyklus

WENN ICH ABER ICH BIN

In dem Schneegebirge

Um richtig jung zu bleiben
Hätte ich alt gewesen sein müssen.

Der alte bin ich nicht mehr
Das hieße nämlich: der junge.

Ich bin nicht alt geworden
Eher mir immer gleicher.

Dafür bin der Alte ich jetzt
Will heißen: der Junggebliebene.

Wär ich Alter so jung geblieben
Wie ich es jung nie gewesen bin

Bliebe mir Jungsein im Alter
Erspart.

ARENA I

Ring frei für freie Gedanken!
Frei soll die Stirn sein, die ich biete,
frei die Brust, frei das Auge,
frei auch die Wahl der Waffen,
und frei geführt der Schlag.

Frisch muß die Wunde sein,
die uns lauernd umschließt.

Arena II

Weit, wahrlich, bin ich davon entfernt,
eure Waffen für geschliffen, euren Wall
von Indifferenz für überwindenswert,

eure Abwehrgesten für annehmbar
zu halten. Das eine aber sei euch
genetisch mutierten Hybriden gesagt:

In dieser staubfreien, aseptischen Arena
kriegt ihr mich nicht
ohne Gegenwehr!

Die Mutter des Lyrikers

Aus und Dauer, Dauer im Aus heißt
Die Mutter des Lyrikers, das tickbehaftete
Herz der Lyrikmaschine: systolisch frühr
Aberwitziger Verszwang, *abbr* ungefährdet

Jetzt: Gebeugt über seine kostbaren, einzeln
Gefertigten Stücke, sonst keiner Macht,
Er Unikat ein jedes schweißt. Andern verheißt.
Jetzt be-nennt. Wie keiner kennt. Noch

Zu schwach zum Röhren der Rhythmus, doch
Willig ist und ruhig fließt der Reim. Und
Ist er nicht willig, brauch i brachiale!

Gebeugelt über köstbarlichen Einzelstücken,
Mit anhaltendem Atem er ihnen seinen heißen
Odem einflößt. Unter flatternden Stößen sie
Föten – *futu-i!* – zum Einlenken bewegt. Unter

Jubelrufen aus-stößt, Freudensprünge munter
Vollführt zwischen der Schädeldecke. Die
Scherben – hui! – kehrt er morgen fort. Auf
Und aus und ab und davon.

Die Suchmaschine

Schälst du ein bleiches Blatt ums andere,
fledderst den Kelch, worauf stößt du wohl
oder übel auf perlend freigelegtem Boden?

Wo bleibt die Gier, keuchende Enthüllung,
sobald duftende Reize unverhohlen fallen,
auf einmal Blicken und spitzen Fingern

hingestreckt, zum Opfer? Stehen sämtliche
samtenen Fallen, Fältchen klaffend bereit?
Wer rennt aufgerissene Türen gierig ein?

Doch funkeln im Kelch gereifte Tropfen
nur solange Lust anhält, geh mit mir,
lasst sie auf jauchzenden Zungen tanzen!

Sooft du dem Fest auf den Grund blickst,
gellt dir ein Abgrund entgegen.
Dämmerst du unbehelligt in der Wärme

wohnlicher Wabe, zieht es deine Augen
hinaus; umspült dich aber Gischt,
zerrt die Schwinge des Sturmvogels

an deinem Fell, von Eisnadeln gespickt,
treibt es dich angstgebadet in heimelige
Trübnis: du bist entweder unterwegs oder

nirgends. Unentwegs. VADEMEKUM!
Ach, geht mir doch weg. Im Rinnen, Fallen
suchtest du einen Sinn und wirst, jetzt

unendlich sinnlos geworden, mit herzlich
grinsender, einmalig pünktlich pochender
Suchmaschine endlich:

Gefunden.

Exil nach Bedarf

Da hat einer »längst sie befragt,
alle die Pfade des Lands«, wo es ihm
inmitten oligofrenetischen Jubels
die Muttersprache verschlägt;
ungebeten unter lauter Neueingesessenen,
verloren in Neugier, heißhungrig
aufs Leben, wie es ihm von Ansichtskarten
entgegenschlägt.

Ein paar hinterfotzige Witze im Ärmel,
vergeudet er die Tage, die ihm da
noch verblieben sind, der Spiegelfechterei
der Schließer hinter die Schliche zu kommen;
verkneift sich die Wut, unter die Schweigenden,
auf später Vertrösteten
gefallen zu sein, verschwenderisch
mit Fremdheit ausgestattet, in vielfacher
Bezugslosigkeit verstrickt.

Wo er auch geht, unerkannt,
wächst kein Wort mehr, und die Schließer
klirren schadenfroh mit dem Schlüsselbund
und ziehen einen scharfen Schlußstrich
unter sein **ein** Leben durch die dicke Luft,
die plötzlich verbrannt riecht.

Die Neugier aber ist ihm alt geworden nun,
seine Unbekümmertheit verkümmert;
er hat den Heißhunger auf Eis gelegt,
die Wut überlistet, den Ernst
zum Narren gemacht, die Trauer
zu Grabe getragen.

Die Vergangenheit ist wund,
bricht eitrig auf, wenn er sie anrührt,
doch die Heimkehr, die angebliche,
hat ihn wieder
sich zum Fremden gemacht.

FEHL AM PLATZ

Kurz will ich mich fassen, bin jedoch
Alles andere als gefaßt; und will mich
Auch nicht fassen lassen. Da wünsch ich
Euch hin, wo der Pfeffer wächst, ihr Pfeffer-
Säcke! *Wem* um PhilipsTelefunken willen
Hab ich meine einzige Stimme anvertraut!
Daß euch der Blitz beim Fassen solcher Beschisse
Erschlage! Da, wo der Abgeordnete zu Fuß
Geht, wollt ihr mir Wanzen setzen?! In
Meinen Lokus? Daß dieses Örtchen auch
Still bleibe, sonst ...! Zum Orkus mit euch!

Ins finsterste Kabuff der verruchtesten
Hinterhofkaschemme, da gehört ihr hin!
Besatzung einer monströsen Mass-Turbo-
Maschinerie! Ausgekochte Schlitzohren,
Aber ungenießbar! Ausgemachte Irrlichter!
Zweifelsfälle des öffentlichen Lebens in ihrer
Unerforschlichen Ratlosigkeit!Ausgestattet
Mit der Hyper-Sensibilität einer High-Tech-
Abhöranlage! Hochempfindlich wie ein
Richtmikrofon! Ach, bleibt mir vom Leibe,
Ihr Querschläger spätabendländischer Phobien!

Gebt Ruhe und schiebt ab! Verzieht euch,
Meinethalben zur Abwechslung auch mal
Auf meine rosa Brille, wenn der *genius loci*
Olfaktorisch über den Wassern schwebt!
Da könnt ihr dann bis zum Umfallen
Schnüffeln!

Hätt' ich was

Hätt' ich was, wär' ich wer.
Ließe mich von Fuß (bis Kopf)
neu. Mir Sohlen verordnen.
Einen anderen Tritt (ins Leere).

Wär' ich wer, hätt' ich neue
Einlagen, Krampfadern, Wein-
krämpfe, Substanzverluste.
Immer noch würde es brennen

Mir unter den Sohlen, hätt' ich,
was ich nicht brauche. So aber
bin ich gezwungen, allein den
hochzuhalten, auf den ich nicht

Leicht verzichten kann.

Hinweis, wie dem Lyriker Hellmut S. in seinen trübsten Momenten zu helfen wäre, in denen er harte Stiefelschritte hinter sich vernimmt, seine erbrochenen Hoffnungen im Kübel in der Ecke winseln, die Welt sich in quietschenden Türangeln dreht und er – ein weisses Stück Himmel als Augenbinde – vor dem Abend, einem Erschiessungskommando, steht:

Gebt euch keine Mühe.

KLAFFENDE WEGE

Keiner geht so weit wie der,
der den klaffenden Weg nicht weiß;
Stelzt du, hedderst dich fort
in den rosigen Bartflechten,
Diesen Berg nur erklimmst du
ohne genauere Angst; sie
Aber steigt dir nach, ein funkelndes,
spaltiges Messer zwischen
Jenen winzigen Einzelheiten
und dem wulstigen Ganzen; sie nur,
Die röchelnde Angst mag unterscheiden
von dem feinverästelten,
Behenden Zusammenziehen deiner Pupille
beim Anknipsen des Verhörs
Zu dem Ansturm der wildwächsernen Striemen
hinter der Stirn.
Nun aber fliehst du die Einsamkeit.
Zeugen sind rostige Reifen am Wegrand.
Zum Paten hast du ein fiebergeschütteltes Wrack benannt.
Turmalinfarbene Rosen
Dein Kleid. Auf deiner bestürzten Suche
fällst du einer weiteren Einsamkeit zu,
Tief hinein in den Wirbel,
wo der Sitz des gemeinsamen Lachens ist; fehlte
Die Täuschung, es gäbe keine Wegmitte mehr,
nur noch schwärende Ränder.
Noch hältst du den stechenden Blicken stand;
doch Frieden mußt du noch schließen.
Nicht mit deinen Flügen und Stürzen,
sondern mit dem, was dich schweben
Und fallen läßt.

MIR SIND MIR
meinen schwäbischen Freunden
Motto: »Ihr kennt doch alle die MIR!«
Professor Soloview, Lomonossow-Uni, Moskau

Mir sind MIR, zwar nicht
WIEDER WER, aber: im-
merhin: mir.

Keine aufgetakelten hyp-
ertoppen hypertrophierten
Hipp-hopps! Aber: immer
hin: MIR!

Längst ausgerastet, längs
nicht ausgerostet, immer
für einen Witz gut: mir
halt!

Gut der Witz: nur
beim Runterpurzeln, bei
Niedergang: Erleichterung
pur! Das sind MIR!

Auch und nur
beim Untergang
für ein befreiendes Lachen
gut: seht IHR?

Tut
es uns nach.
(Wenn ihr könnt, haha!)

Denn MIR
sind nicht so

Modi morendi

was ich darf
soll ich auch gleich wollen

ich will aber nicht
wollen müssen
was ich sowieso darf

können würd' ich schon wollen
nur können müssen
will ich nicht

was ich darf
ist alles
was ich müssen will

ich will immer nur können
was ich nicht darf

nur kann ich nicht immer
was ich will

warum soll ich aber
nicht wollen
was ich sowieso kann?

kann ich aber
was ich nicht darf?

was ich soll
kann ich jedenfalls nicht

ich würde schon gern müssen
was ich will
nur darf ich nicht können

was ich sowieso muß

NIE ALLEIN

Wie gern hätte ich im Sprenkellicht unter der Platane
Zwischen schwungvollen Tupfern, unerhörten Tönen
Noch mit euch gelacht und geschwiegen, in einem
Aufbrechenden, ansteckenden, so ganz anderen Jahrzehnt!
Guillaume! Maurice! Und du, schweigsamer Joan!

Ich tappe im Labyrinth der genetischen Falle: Gnadenlos
Späte Geburt! Die Doppelhelix windet sich mir um den Hals!
Klebrige Fallstricke sind die Samenfäden meines Vaters,
Sie ziehen mich immer wieder zurück in die Zukunft.

Gebleicht sind längst eure Schädel, doch ihren Gespinsten
Folge ich, zitternd vor Neugier und zaghaft: deinem
Halsbrecherischen grammatikalischen Wagnis, Filippo!
Und dir, Marc, mitten hinein in Farbexplosionen! Man lebt
Gefährlich, wenn man allein ist mit euch und nicht immer
Vorgewarnt. Dieses Risiko macht mich stark. Die Hölle
Muß sein: Eure Abwesenheit! Mir kommt vor, ich redete
Mit Menschen, und nicht mit gestürzten, grausamen Engeln.

Heute sing ich, morgen tanz ich, nie ohne euch, aber
Bin ich's nun oder ist es wirklich ein anderer? Weit nach
Mitternacht, wenn wir alle erschöpft uns trollen, stehle
Ich mich zur Seite, schlafe ein und ihr merkt nichts davon.

Propheten. Ersatz. 1984 und 1996

I.
Die Propheten rutschen
Samten und sonders
– bei ihren Bärten!-
mir den Buckel runter.

Nurmehr gebeugt,
doch ungebrochen
schleiche ich einher –

ihrem Aufrechtgang zuliebe!

II.
Bärte sind ab,
die Träume verbraucht;
unterbelichtet und vorlaut
windet sich Propheten Ersatz
in die analen Annalen
der Geschichte.

Aus heimischen Gefilden stammelnd,
wart ihr unser aller
wenn nicht leuchtendes, so doch
flimmerndes Vorbild –
aber wartet nur, balde
werden wir euch
hinter uns haben:

Nehmt Platz unter uns,
ihr bleibt uns gewogen
und zu leicht befunden.

Realität, realiter umgestülpt

Wer aber ist die Realität, zum wasweißich wievielten Male? Eine Berg-und-Talfahrt, die Simulation der Berg-und-Talfahrt auf dem Rummelplatz, die Simulation der Simulation auf dem Bildschirm? Oder aber die Beschreibung echt simulierter Fahrten? Eine umgestülpte Blüte, ein nach innen gekehrter Stempel, das Ergebnis: Dasselbe?

Oder die Silben darüber, die still wimmern, *etwas* in sich gehen, aber *alles* über sich ergehen lassen? Intimste Beichten einiger Exhibitionisten, ihre Ergüsse im Reißwolf?

Schlagaustausch, geschlossen

wild schlägt es um sich, morgens die Eier in die Pfanne, Alarm!
Bum! Boom boom! Dem Fass den doppelten Boden um die
Ohren.
Keine Wurzeln, dafür sich in die Büsche, was die Glocke hergibt, zwei Fliegen in die gleiche Kerbe, die Klappen tief in sein
Opfer, dies zum Krüppel.
Bewußtlos zu Boden in Stücke grün und blutig, windelwarm,
kurz und klipp auf den Magen, fremde Laute, Flammen gegen
den Himmel, aus den Händen, aus dem Sinn,
in Ketten,
wütet mein Herz

SCHWARZ-WEISS-ZEICHNUNG

Helle läßt sich verbreiten
schwarz auf weiß
durch Lichter die aufgehen
hinter der Stirn

Umschwirrt von errötenden Buchstaben
hockt er im Glashaus und spielt
mit den bloßen, schwebenden Kindern
seiner unvergessenen Wünsche

Helle ist wo Schreibspur
und der sie zieht
unbehelligt
ihrer Wege gehen

ÜBERGUSS
(Pontifatiensis)

Am Tag der Toten im November
platzen dem himmlischen Vater
mit einem Knall die Hoden. (Woj-
tila hätte an dem trüben Taumel

seine dunkle Freude). Aus prallen
Säcken ergießt sich fiebrig-glibbrig
schmutziges Weiß. Wie ein Spatz
aus Zuckerwatte, gefallen aus einem

Nest aus gesättigter Luft, triefe
ich von überreichem, klebrigem
Ejakulat. Die Fäden spinnen eine
dunkle Weise, ohne mozärtliche

Übergänge. Fangen meine Ambosse
ein. Verkleben mir das Trommelfell.
Enzyklisch rot färben sich des Vaters
gierige Väter himmlisch schamloser

Gedankenlosigkeiten.

VARIATION ÜBER EINEN MANTEL

Der Mantel des Schweigens, gebreitet
in der Dunkelheit, der schützende Mantel
des Zweifels, die gehütete Zunge;
Gogols beredter Mantel, die Schatten
der Zweige draußen; sie alle
geistern durch dieses alte, längst fällige
Haus. –»Wie geht's, altes Haus?«

Ich schütze ihn vor: den verschlossenen,
verräterischen Mantel.
Umgebe damit die Dunkelheit.
Mich hütet die Zunge, es weiden die Worte,
lauter fremdartige Tiere, meine Zweifel.
Zweige geistern durch meinen Schatten:
Er fällt. Das Schweigen bricht mich.

Empfang der Welt

Auf meinem handlichen Weltempfänger
in der Küche
läßt sich kein Unterschied ausmachen
zwischen Applaus und Sendestörung.

Ich empfinde
jedes Klatschen
als Störung.

WENN SIE, DIE DA IHR UNWESEN

Wenn sie, die da ihr Unwesen
pflegen, mich meinen, bin ich
ein Kunde, häufiger Bettler als
kundig, ein doch hoffentlich in

klingender Münze kräftiger,
kräftig auszunehmender Schlucker
Nimmersatt, noch zu erlegen und
schon des Rausches.

Selten ein Gast – trüb, ja naturtrüb
oder hell; immer wieder von Arbeit
ein sogenannt *harter* Nehmer:
den Ihren nehmen die Herren es

schließlich im Schlaf! Ein Halter,
dem nie Einhalt geboten, ein Bieter,
dem Halt verboten, Träger & Haber
auf Messers Schneide komm raus!

Wenn ich aber ich bin, meine ich
– zuletzt aber nur, und am Ende –
Wanderer Unstet, nahezu schlaf
wandelnd sicher auf schmalem Grat

aus lauter tanzenden Buchstaben.

Vierter Zyklus

LIEBLIEDCHEN

BETRACHTUNG

Weit mehr als der Strauß
weißer Freesien
den Betrachter verändert
veränderst du ihn:

Blickst du zurück,
aus dem einen
in den anderen Spiegel,
folgt hinter jedem Bild

ein Tieferes noch.

Das katzenäugige Duplett

Es düpiert, sooft es, samtkuschelkaschiert,
Eine sinnliche Überraschung kreiert oder,
Vollmundig parfümiert, seine Reize variiert.
Wer ihm genau folgt, verfällt ihm: es foppt
Aufs äußerste raffiniert, räkelt sich früh,
Schäkert bis tief in die rauschende Nacht,
Wenn es die Anwesenden alle lackiert.

Reckt sich, provoziert, streckt sich, verliert
Beinah die Beherrschung, den Faden, schlüpft
Aus der Wäsche: windelweich affirmiert.
Wirft seine leuchtende Nacktheit über sich:
Ein Leib, weiß wie Papier, heiß wie ein Tiger.
Gibt sich, versiert, höchst vorteilhafte Blößen,
Wobei es, pfeifend und zwitschernd, deliriert.

LIEBLIEDCHEN

Schamlos öffnen sich mir mit Haut und Haar deine Lippchen,
Wild schlagen die Nasenflügel an die Ritze,
Die Zunge treibt das flinke Spiel auf die Spitze,
Die Äderchen schlagen dem Tod sekündlich ein Schnippchen,

Nur der Gaumen, der Flegel,
Streicht resigniert das Segel;

Kannst du vom Glück nicht sprechen mit dem Wicht,
Sei's drum: Mit vollem Munde spricht man nicht.

Manns genug. Frau

Bin ich der Eintretende und du –
die einen Spaltbreit geöffnete Tür?
Verschlossen aber öfters beide?

Du die Höhle und das Auge – ich?
Schwierig auszumachen, wer jetzt
gerade tränt. Schallt oder lacht.

Du die Fessel, ich das Handgelenk,
bisweilen etwas ungelenk;
du aber mißt Zeit, Vermessene.

Du flackernder Raum, angestrahlter
Kürbis, ich die Kerze – wer ist wer?
Wühl, Verrinnende, nicht in mir!

Du der Welle Freiheit – ich der Schlag,
die Schlägin; du das Buch, Lesender ich,
du verhangenes Fenster, ich der Blick?

Du die Nüster, Luftstrom ich,
oder viel leicht flüchtiger Duft,
ich Pfahl, du das aufgewühlte Meer.

Oder alles ungefährdet umgekehrt?

Nie gekannt?

Ob sie sich wohl zierte oder
aber spreizte? Breitbeinig hingab,
ein engmaschig Netz wob?

Ihre eigensten Düfte während
ihres Urschreis ausströmten oder
sie dabei beglückt wimmerte?

Ihr raffinierte Zungenspiele geläufig oder
sie auf den Weg des rechten Glaubens
durch die Missionarsstellung vertraute?

Ob sie sich zu Vertraulichkeiten hinreißen
ließ, ob sie wohl je wiederkehrte?

Ach, wie rasch sind sie ausgeblendet
und auf immer versunken,
sobald der Vorwitzige sich – und war es
noch so einmalig – verströmt hat!

Und wie unvergeßlich
sind uns jene, die wir nie gekannt!

Pulverschnee

Aus packendem Eis, abseitiger Landschaft
hinter Netzen, plötzlich versetzt in die O-
rangenhaut aus Versprechen und Abkehr.

In alle Wolken gefallen wegen verwegen

jauchzender Kehle des Knies, ihren Nähten,
dem verbogenen Versprechen darin. Ergo-
nomisch genormte Landschaft des Sehnens,
ein heterophiles Jubeln beim Schuß auf

den Kern. Weit hergeholt die Furche,
nur der Samen darin tief vernetzt.

Sieh nur hinaus: jubelnd werden Wolken
brechen, aus dem Land in die Mitte,
von den Rändern zurück. Aber geben?

Ziehendes, viel-leichtes Sehnen nach
einem Land. Aus Orangen und Haut,
wo jeder sie spürt und samtene Tiere

sie teilen, wenn's duftet nach ihren
Ölen und baldigem Pulverschnee.

REFLORATION

Die hohe Kleine mit den festen –
Nehmen wir Hüften? Schenkel? –
Wie Sie wünschen! Die Eine also:
Mit den festen Perlen sind ihr Mund,
Die Rehe der Brüste ein Fest der Sinne,
Wie ihr geschmeidiger Stillstand, das eine
– Nehmen wir Bein? – also: vorgestellt,
Ein betörender – Anblick? Oder Duft?
Die bebenden Wasserkugeln: einfach,
Unaussprechlich; vollkommen, rund.

Hinter der zweiten Falte aber,
In Wimperntiefe stoßen wir – Wir?
Auf den Abgrund, die abgrundtiefe
Wie beliebt? Schlucht? Meinetwegen!
Die Schose! Gähnt, nein: faucht,
Haucht dich an, schwebt und webt
Ein hauchdünnes Netz der Verzü –
Was wollen Sie sonst noch, daß meine
Spalte hier, die wülstige, schwülstige,
Für Vorwände schafft, Verzeihung:
Vermag? Es Ihnen besorgt? Cyber-
Sex-mäßig? (Da seiberst du schon!)

Einen flotten 68-er? 69-er? 3-er?
Unter sowohl deiner als auch ihrer
Mitwirkung? Oder aber: daß sie zuckt?
Spuckt? Spukt? Ihnen durchs Hirn?
Danke, das wär's! Soviel Einf...vermögen
Gereicht Ihnen zur Ehre. Mehr
Wollte ich auch nicht.

Romanze

Mut macht der mondsüchtige Milchteint
zwischen Mädchenschenkeln,
diese Farbe aller sommerlichen Farben,
der aufwühlende Flaum auf dem
gespannten Bogen ihres Bauches;
die dünnlippigen Rügen des Sprühregens
fallen über dich her, ein enges Netz aus Düften
ist gewoben in den Vorstadtgärten, geworfen
ein heller Zauber schwungvoller Nachtvögel,
ist gebrochen, hält an, ist gebrochen, hält an.

Spürst du die vorverlegten tiefen Blicke?
Vorsorglich an die Kette gelegt
knurrt in den Vorgärten die Geduld.

Unsichtbare, rauschende Flügel streichen
über die schwangere Mandoline der Nacht,
und sie schwingt, klingt ab und schwingt.

SCHIMMER
für Évi

Ich weiß nicht, was es ist:
deine verletzliche Sorgfalt beim Schminken, überhaupt
diese entschiedene, sichere Oberflächlichkeit; die leichten,
wie hingeblasenen Sommersprossen; eine verwehte,
frühlingshellere Strähne über dunklen Wimpern;
eine Verlegenheit, die vorbeihuscht?

Wahrscheinlich weniger dein Übermut, die berauschende
Körperlichkeit, die Rundungen alle, und auch nicht
die Wohltaten, die ihnen entströmen oder in ihnen
schlummern; nicht die sprühende Laune,
noch dein Stimmungswirbel, wenn er überschäumt.
Eher, *vielleicht* eher: die wenigen graucn Haare,
die du verschämt zählst
oder zu verdecken suchst;
die brüchige Stimme manchmal,
eine Spur zu leise;
das Eingeständnis; die versteckte
Träne. Das graue Entchen statt des Schwans.

Ich weiß nicht genau, was es ist, daß, kaum daß ich weg bin,
ich mich zurück wünsche zu dir. Ich weiß es wirklich nicht.
Ein langer Blick, der sich in unbestimmbarer Ferne verliert?
Ein schüchternes Lächeln, das kaum zu dir paßt?
Ich weiß nur: es ist nicht der Glanz, dafür aber
ein rätselhafter, verhängnisvoller Schimmer.

SEX-LINKS

Auf die Schaftlänge sprudelnder Glätte,
auf Teufel komm raus vom Pfad
sitzsamer Jugend abgewichen: *rittlinks*.

Die betörende Kehrtwende zum bessern
Kennenlernen, wiederum auch einseitig Einsicht gewährend: *bäuchlinks*.

Satyriatisch entfacht, die Nässe gelöscht,
züngelt die vielzüngige Flamme: *blindlinks, und – rechts*, ab zurück in die Mitte.

Doppelte Sieben

Aus Beatmungsmaschinen für Hunde
haben wir uns eine streunende Heimat,
ein heimliches Abrechnungskonto,
diese frostige Trosttruhe gebaut.

Der Erfinderlohn ist ein Grab:
für Wiedergänger, denen verborgen bleibt,
dass die Reise ins Jetzt-oder-Nie führt.

Von der Aufheizung unterkühlter Gefühle,
dem stolzen Abriß modriger Gemäuer,
übrig bleiben werden zuckende Schatten.

Breitgestreut die Mitgift, aber
Pandoras, hoffentlich.

Wir wollen jetzt erst:
selbstredend bleiben.
Was wir nie waren.

Die Abfindung – eine doppelte Herz-
kammer, in der unsere modrigen
Pässe immer ablaufen.

Keiner ist ein Held, weil er auferstanden
aus Ruinen. Unsere Herzen, Liebste,
schlagen den streunenden Pässen
ihre doppelten Böden ins Gesicht.

Wo was dran

An der Wende der Hals
Am Hals der Fleck
Am Fleck das Herz
Am Herz die Kammer
An der Kammer die Jungfer
An der Jungfer die Haut
An der Haut der Knochen
Am Knochen die Lust

Doch dann:

Am Knochen die Lust
Am Anfang das Sträuben
An der Zunge die Fertigkeit
An der Scham die Lippen
Am Schwellen die Körper
Das Ei am Sprung
An der Hüfte der Schwung
An der Scheide der Weg
An der Moral vorbei der Verkehr
An der Haut keine Jungfer mehr

Am Ende der Effekt:
Am Stamm der Halter
Das erste Mal am Ende
Am Punkt die Wende
(Fortsetzung siehe oben)

Das A und O schöner Frauen

Hat er die auf und ab hüpfende Rundung,
Herzstück einer schönen Frau,
vor sich,
blickt der Mann,
sofern er auch nur einen Funken Leben in sich spürt,
in den Himmel.

Tut dieser sich ihm auf, spürt er das pralle Leben
um und um sich regen.

Herzförmig die Backen, sein Himmel auf Erden.

Wie nah sind sich Himmel und Herzstück.

Und wie fremd bleiben sich jene, die lieben.

Indem er sich auf den Himmel beruft,
liebt der Mann
beim hinteren Herzstück der Frau
sich selber.

Sie bezieht indessen
seine zitternde Hinwendung
zu ihrem Prallgereckten

liebend gern auf ihr leicht gewordenes Herz.

Schwankendes Geschlecht

Das Regenmesser eignet sich vorzüglich zum Kappen von Regenfäden und -strähnen.

Auf einer *Eileiter* steigen die Eier ins Nest oder in den Geflügelhof. Daß manche es dabei zu bemerkenswerter Fertig- und Geschwindigkeit gebracht haben, gab zu der philosophischen Frage Anlaß, was wohl zuerst ankam, die Henne oder ...

Im *Bund* lassen sich die Steuerzahler leichter für dumm verkaufen; es heißt also *das* und nicht *der*.

Der Ladenschild dient der Verteidigung eines Ladens und seines Eigentümers; zumal wenn dieser etwas darin führt.

Eine Bande ist selten *zart* oder zartbesaitet; will man sie *knüpfen*, sucht sie schleunigst das Weite.

Beim *Geschlechtsteil* muß – um der Wahrheit die Ehre zu geben – von einem schwankenden Geschlecht gesprochen werden; dabei ist natürlich das natürliche von dem grammatischen Geschlecht zu unterscheiden. Ist das natürliche männlich, muß trotzdem immer von einem schwankenden ausgegangen werden, obwohl das natürliche nur die Zweiteilung in männlich und weiblich kennt und weiblich in diesem Zusammenhang nicht in Frage kommt. Ist das männliche hingegen natürlich, zeitigt der Genius des Genus den Genuß.

Schlagwald. Grenzen, Gänge

Erster Zyklus
REVOLTE DER UNSCHULD

Afrika · 7
Brennendes Lachen · 8
Das zweifeltige Morgenterziolett · 9
Egon Schiele · 10
Korrekte Fabel · 11
Galgenblumen · 12
Hrabals Tiefgang · 13
Zwei Gedichte in einem · 14
Knoten 7 · 16
Maßnahmen gegen das Elend · 17
Politische Fabel · 18
Couplet Naseweis · 19
Oder leben · 20
Revolte der Unschuld · 21
Sieben Siegel · 22
Weiße Mäuse · 24
Ein Zusammentreffen · 25

Zweiter Zyklus
BLICKE, OSTWESTWÄRTS

einschließlich eines Kleinen Rhodischen Zyklus
sowie eines Exkurses »An die Pforten des Orients«

Alhambra · 29
Balkan I · 30
Balkan II · 31
Dresden. Im November · 32
Gedanken Unter den Linden · 33
Tauber Frühling · 34

Kleiner rhodischer Zyklus:
Höhenflucht · 35

Antike, dreimal lebendig · 36
Prophezeiungen · 37
Singende Rohre · 38
Im »Pythagoras« · 39

Exkurs:
An den Pforten des Orients · 41

Entwicklung des Speiseplans · 44
Maifeier · 45
Ost-West-Begegnung · 46
Rumänisches ABC · 47
Siebenbürgische Endzeitlose · 48
Spaziergang im Freien · 50
Geheimnisumwitterter Fünfzeiler · 51
Das kleine Brüsselunser · 52
Die letzten Stunden der MIR · 53
Piazza di San Pietro · 54
Wandelnde Denkmäler · 55
Wandelnde Denkmäler 2 · 56
www Punkt · 57

Dritter Zyklus
WENN ICH ABER ICH BIN

In dem Schneegebirge · 61
Arena I · 62
Arena II · 63
Die Mutter des Lyrikers · 64
Die Suchmaschine · 65
Exil nach Bedarf · 67
Fehl am Platz · 69
Hätt ich was · 70
Hinweis, wie dem Lyriker · 71
Klaffende Wege · 72
MIR sind MIR · 73
Modi morendi · 74
Nie allein · 75

Propheten · Ersatz · 76
Realität, umgestülpt · 77
Schlagaustausch, geschlossen · 78
Schwarzweißzeichnung · 79
Überguss · 80
Variation auf einen Mantel · 81
Empfang der Welt · 82
Wenn sie, die da ihr Unwesen · 83

Vierter Zyklus
LIEBLIEDCHEN

Betrachtung · 87
Das katzenäugige Duplett · 88
Liebliedchen · 89
Manns genug. Frau · 90
Nie gekannt, immer geliebt · 91
Pulverschnee · 92
Refloration · 93
Romanze · 94
Schimmer · 95
Sex-links · 96
Doppelte Sieben · 97
Wo was dran · 98

Exkurs:
Das A und O schöner Frauen · 99

Exkurs:
Schwankendes Geschlecht · 100